La danza de Yaxum

Texto e ilustraciones de
Rossana Bohórquez

Editorial TRILLAS
México, Argentina, España,
Colombia, Puerto Rico, Venezuela

2

Yaxum era un joven maya al que le gustaba ver las puestas de Sol, pues le maravillaba el último resplandor del astro sobre la Tierra.

Era tanto el amor de Yaxum por el Sol que quiso ofrecerle una danza para agradecer su existencia.

4

Desde ese momento se esforzó por aprender la danza más hermosa que existiera. Con tal fin, fue a pedirle un consejo al viejo danzante del pueblo. El anciano le dijo que él había aprendido a bailar observando la naturaleza, así que le sugería hacer lo mismo.

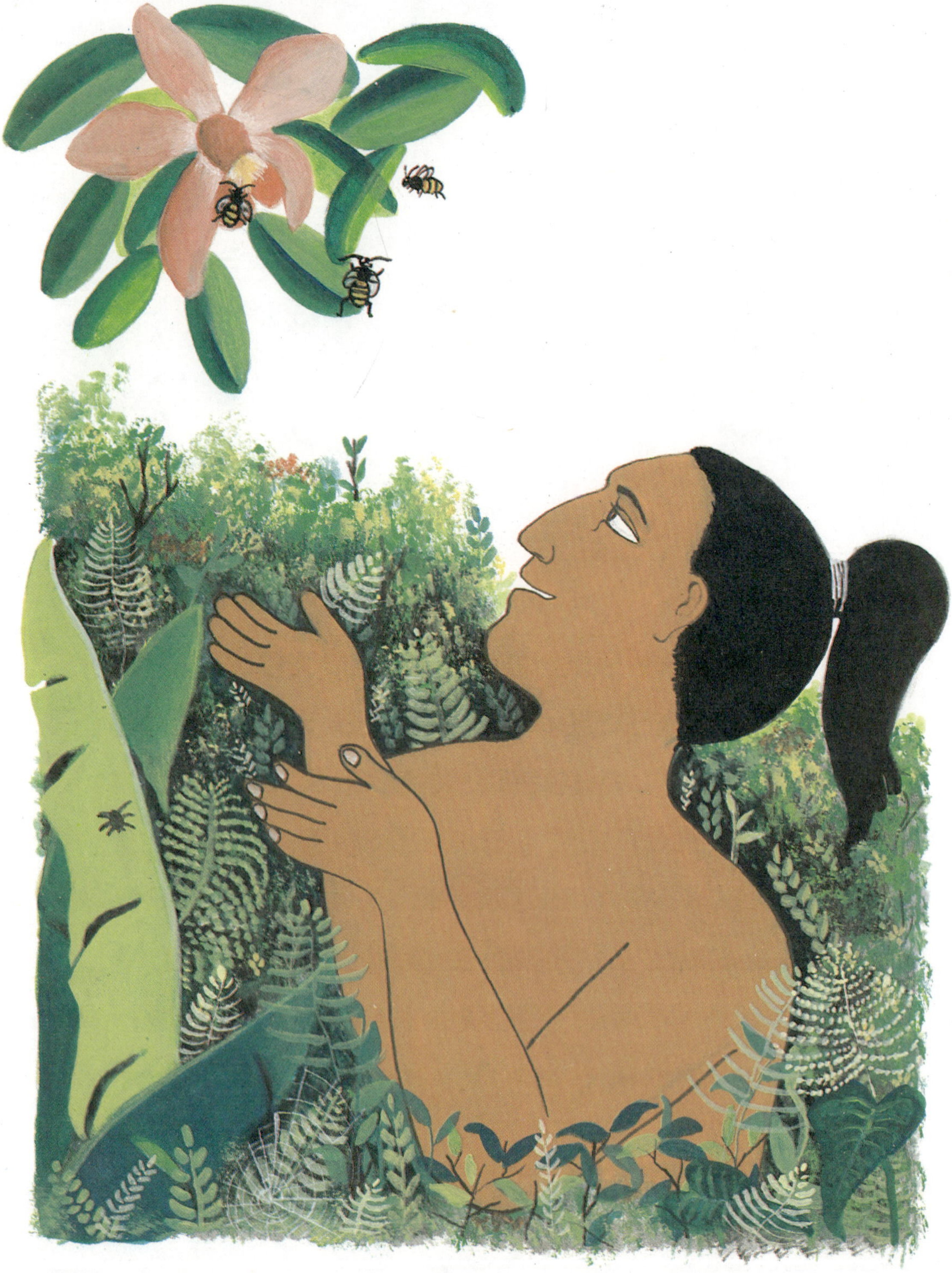

Yaxum puso en práctica el consejo del viejo danzante y observó detenidamente lo que existía en la selva. Empezó a imitar los movimientos de todo cuanto veía: animales, hojas, etcétera.

Cierta vez una abeja le preguntó qué hacía y Yaxum le explicó su objetivo. La abeja le aconsejó entonces que tuviera control y disciplina para que lo lograra.

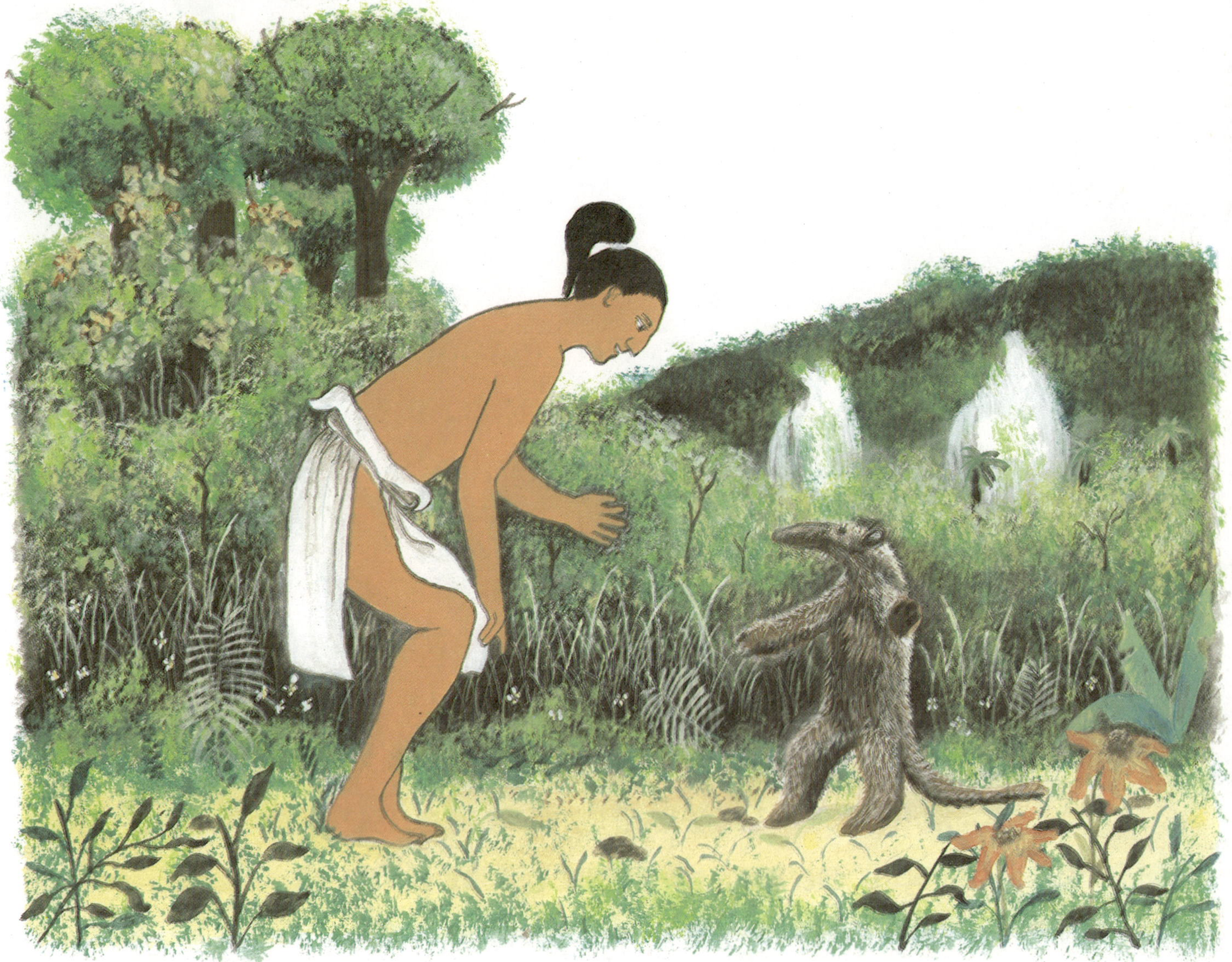

Luego Yaxum se encontró un oso hormiguero. Éste le recomendó que tuviera paciencia, pues la necesitaría para aprender cada movimiento de su danza. Sólo así podría ofrecer un grandioso espectáculo al Sol.

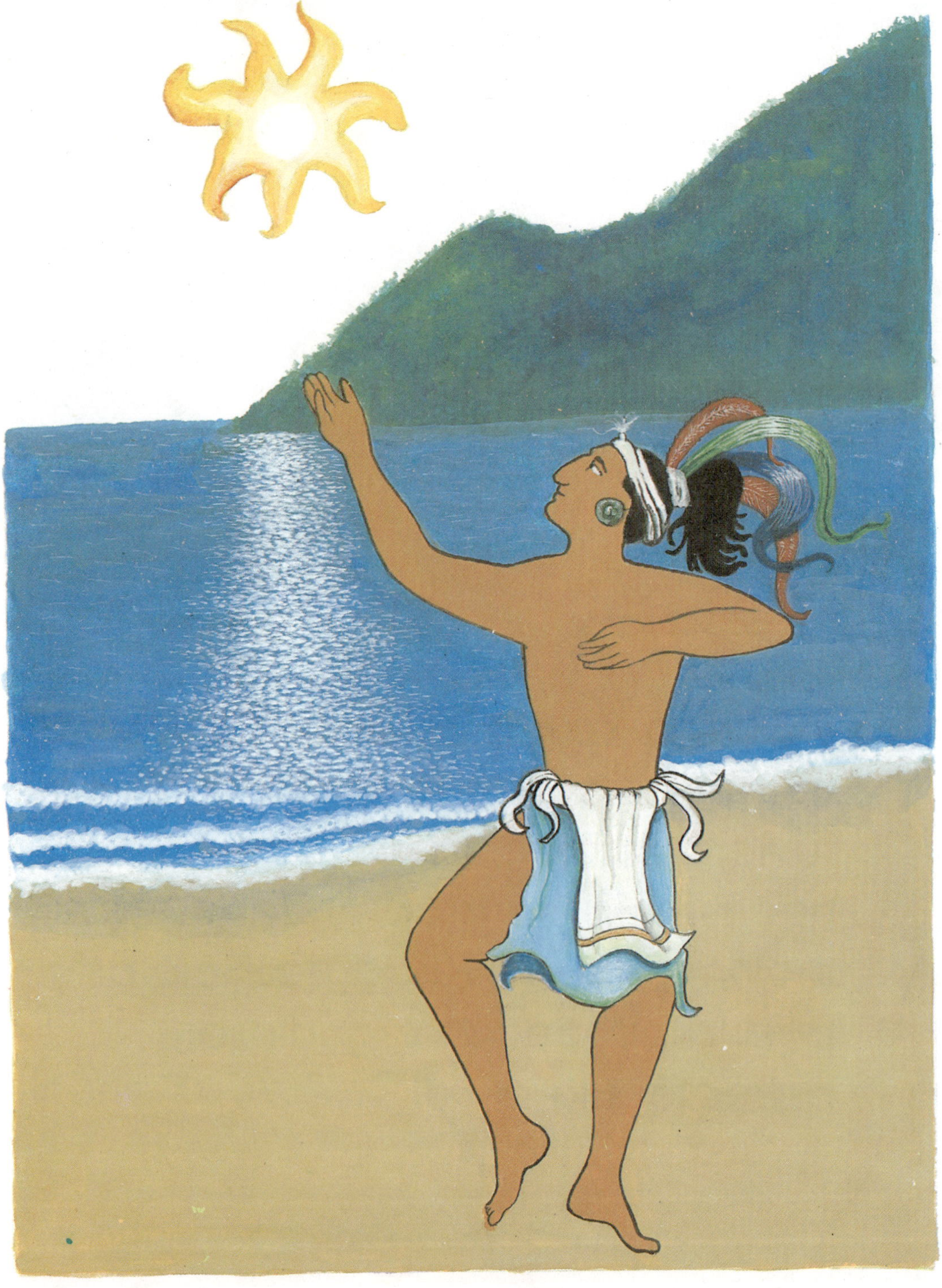

Yaxum tomó en cuenta todos los consejos recibidos y comenzó a poner en práctica todo lo que había aprendido.

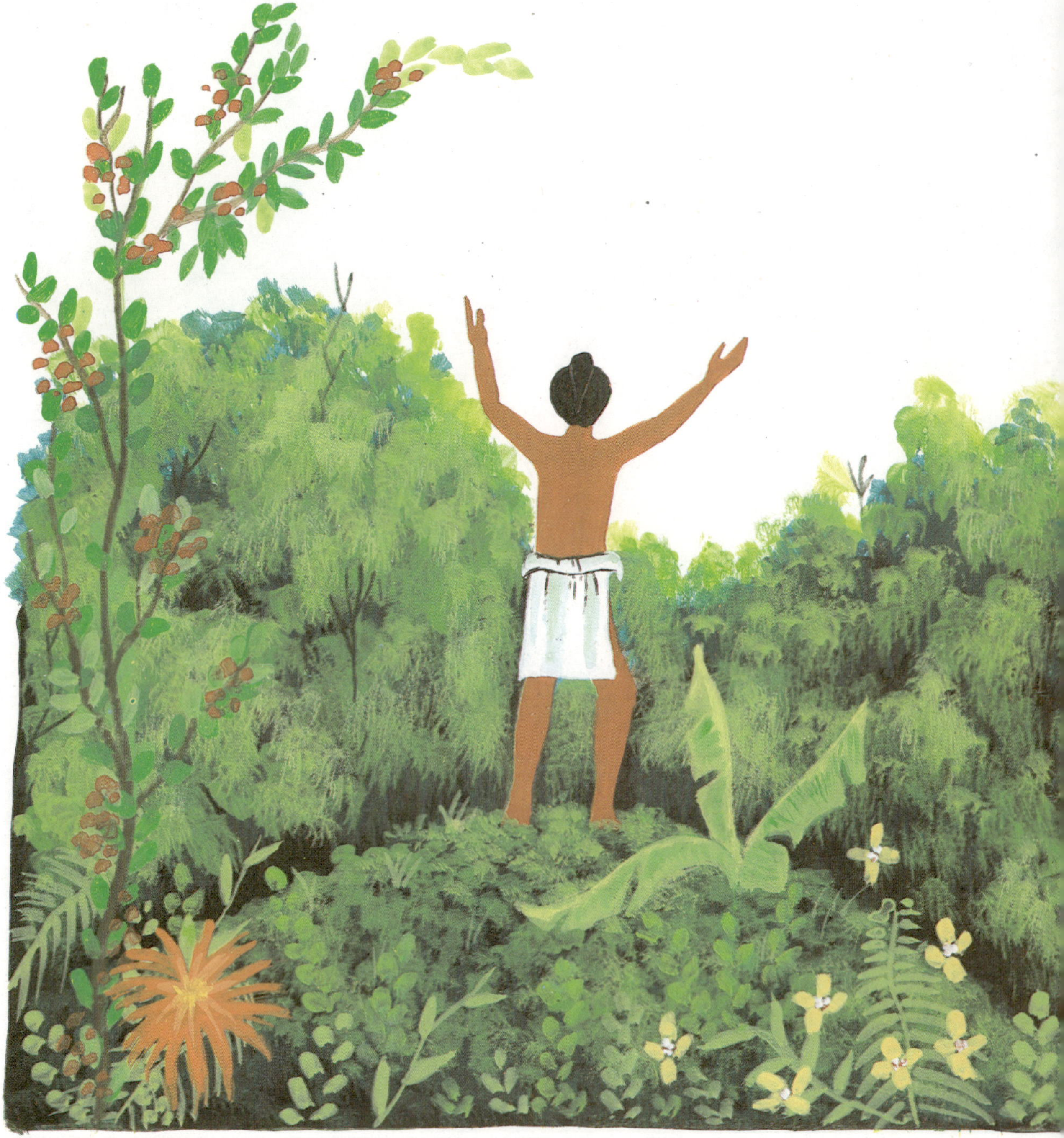

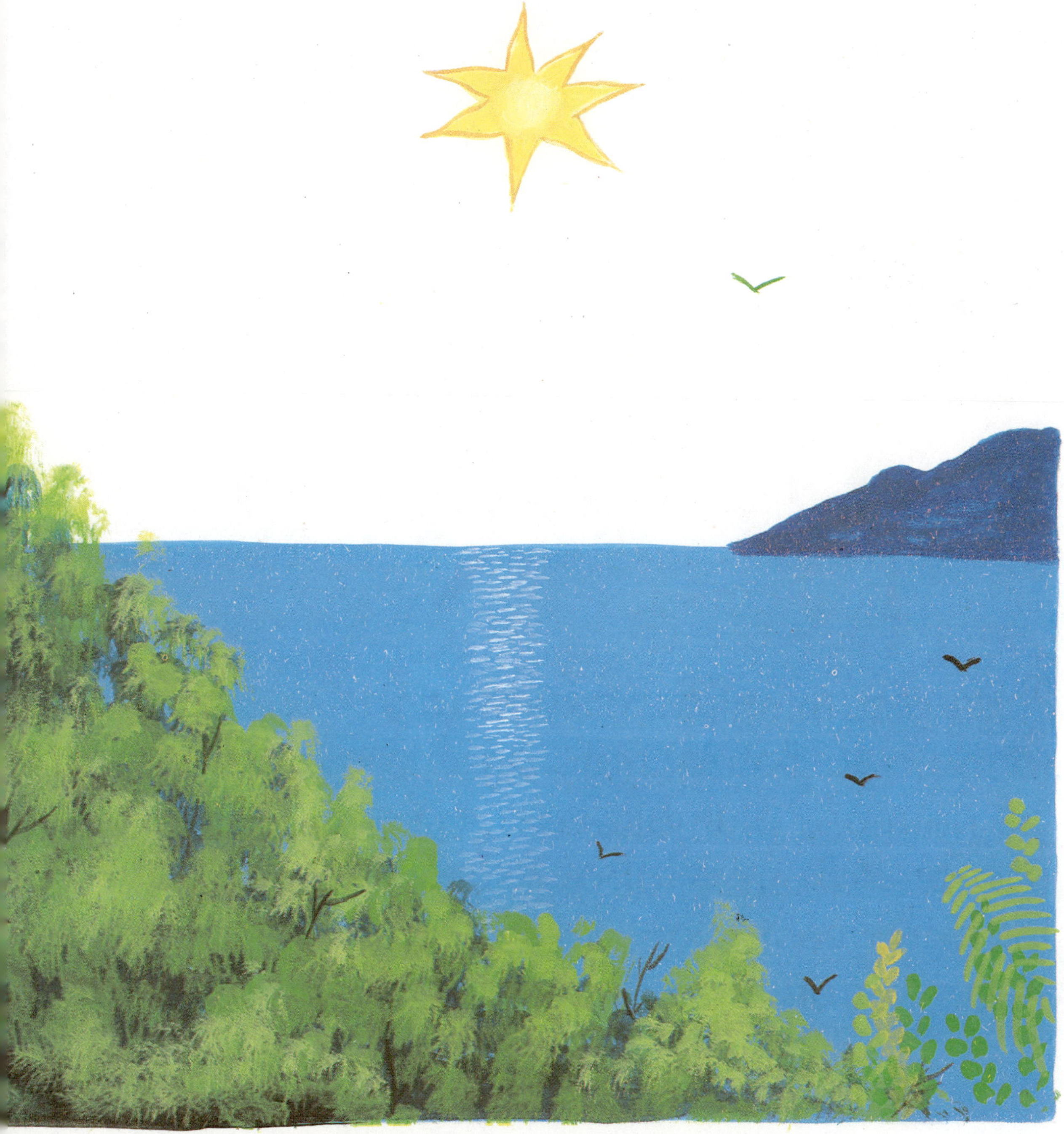

Un día, mientras Yaxum daba forma a su danza, notó que un ave de hermoso plumaje volaba sobre el mar. Yaxum miraba, extasiado, los movimientos del animal, y en seguida comenzó a imitarlos.

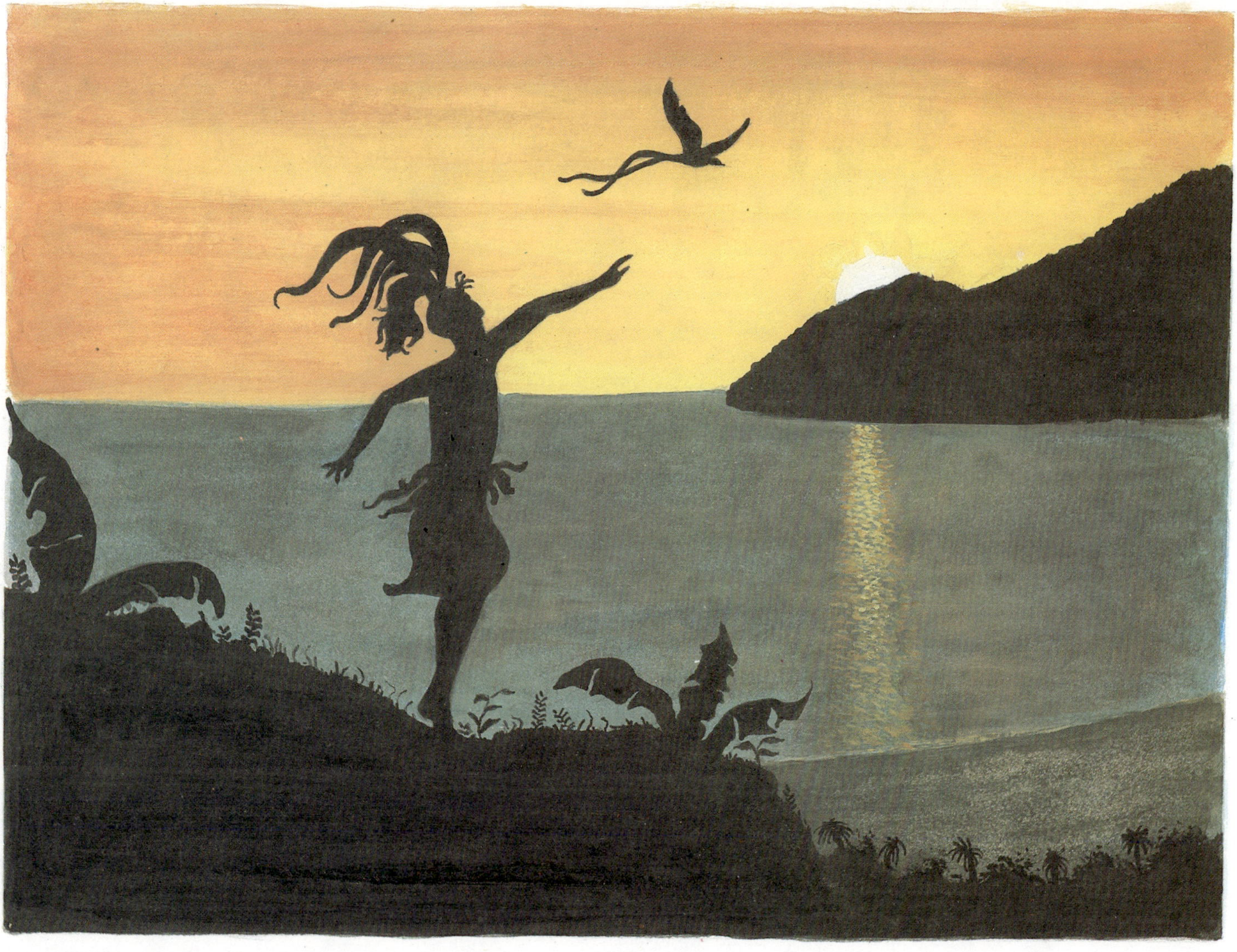

Yaxum practicaba constantemente su danza en la playa, por lo que los aldeanos, que no entendían lo que hacía, pensaron que se había vuelto loco.

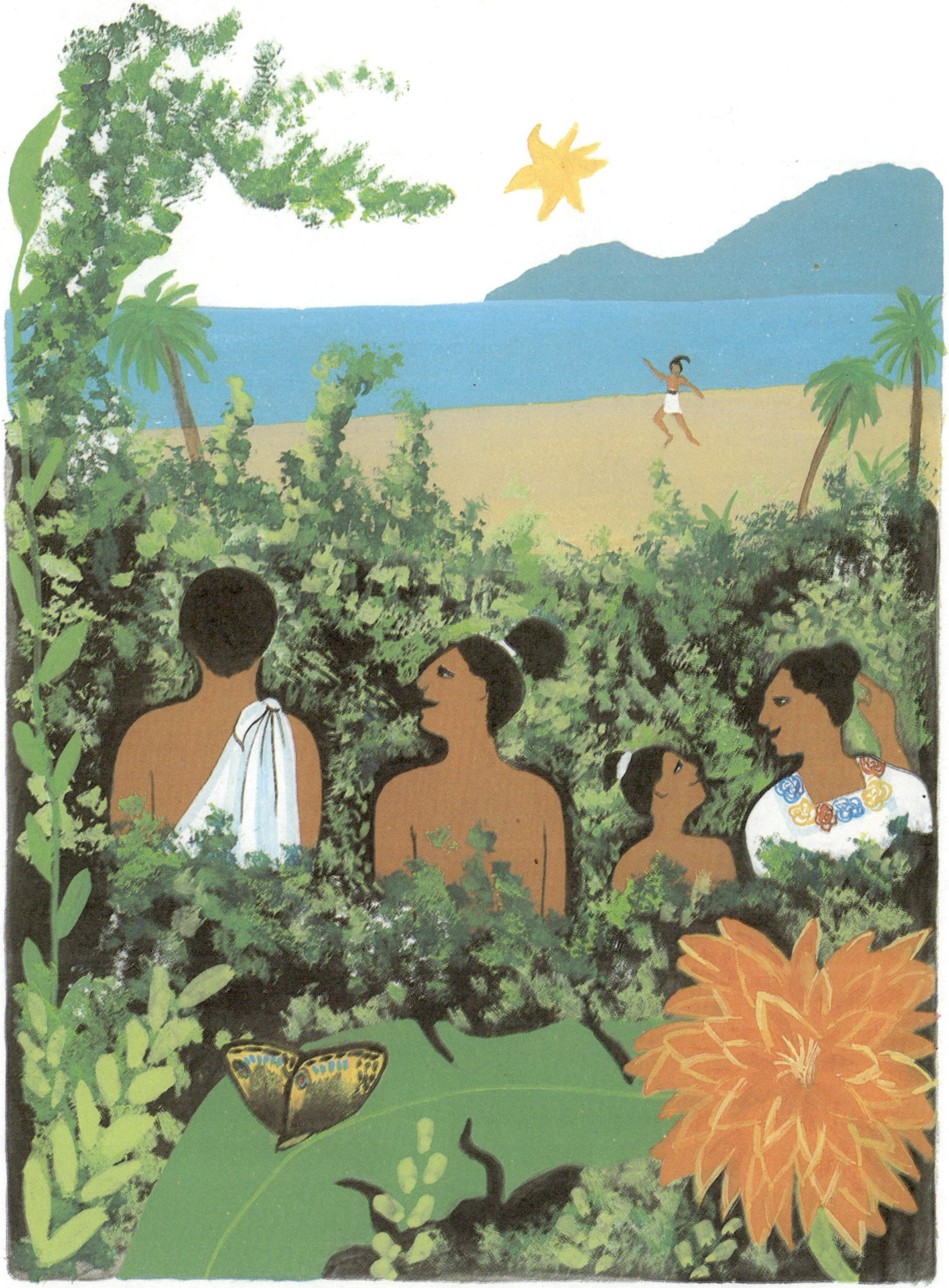

Por fin llegó el día en que Yaxum se sintió listo para ofrecer su danza al Sol. Confeccionó una hermosa vestimenta para realizar la ofrenda y bailó incansablemente ante el astro rey. Desde entonces no se vio más a Yaxum. La gente pensó que se había marchado de la aldea.

19

Nadie advirtió, sin embargo, que desde el día en que Yaxum desapareció de la playa, surcaba el cielo otra ave igual a la que él había imitado.

Todas las tardes, al ponerse el Sol, las dos aves aparecían volando, como si le ofrecieran su vuelo al Sol.

21

El viejo danzante y los animales de la selva observaban este bello espectáculo. El primero sabía que, por fin, Yaxum había logrado su propósito. Ya nunca estaría solo y podría acercarse al astro rey cuando quisiera.

23